Tous droits réservés
Première édition: 2020 - Vagabond Publishing
ISBN: 9798639392917

Titres de la collection *Je réalise* :

- Le Ballon (Se sentir bien)
- C'est vraiment vrai ?
- Mes émotions sont utiles
- Non, merci – Oui, s'il te plait !
- Je suis Je
- Oui, je peux ! (Un pas à la fois)
- Je juge, moi aussi
- Je m'aime aussi
- Là, maintenant
- Partager

Les histoires de la collection *Je réalise* sont conçues pour être lues et discutées avec un adulte. AVEC CE LIVRE VOUS EST OFFERT UN GUIDE PARENT/EDUCATEUR TÉLÉCHARGEABLE contenant des instructions et des activités pour soutenir l'apprentissage des lecteurs.

Pour télécharger *le guide Je réalise*, veuillez vous rendre sur le lien suivant : languagecommunicationcoaching.com/publications/

Intelligence émotionnelle ciblée dans ce livre :

- La confiance en soi
- La reconnaissance et le respect d'autrui
- L'affirmation et le respect de soi
- La prise de conscience de nos propres sentiments
- La clarté de nos pensées et intentions
- La responsabilité de nos propres choix
- S'exprimer clairement et poliment
- Communiquer de manière efficace

Lisez aussi les autres histoires de la collection *Je réalise*

Non, merci – Oui, s'il te plaît!

Histoire et illustrations
Emmanuelle Betham

Traduction française
Emmanuelle Betham et Janine Rozen

Mise en page
Bill Bond

Un câlin avec quelqu'un que j'aime

Ça fait du bien

Le doigt dans l'œil

Ça fait mal

Un dessin que tu as fait pour moi

C'est gentil de penser à moi

Jeter du sable sur quelqu'un

Pas agréable

«Non, merci.»

Prendre sans demander

Je n'aime pas ça

«Non, merci.»

Jouer ensemble

J'aime ça

Courir

J'ai envie

«Oui, s'il te plaît!»

Pousser

C'est pas gentil

S'énerver

Ça ne sert à rien

Bouder ?

Ce n'est pas utile

Respirer dans mon ventre et être calme

Ça m'aide à comprendre ce dont
j'ai besoin maintenant

Jouer, rire, faire des choses que j'aime

Et quand je n'ai pas envie

Quand je dis les choses clairement et gentiment comme ça :

Ou:

«Oui, s'il te plaît!»

Je me sens bien en moi-même

Et avec les autres

Je réalise est une collection d'histoires dont le but est de développer notre intelligence émotionnelle dès le plus jeune âge. Ces histoires peuvent parler aux enfants comme aux adultes.

Apprendre tôt est une bonne idée, n'est-ce pas? Mais apprendre quoi? Et surtout apprendre pourquoi et comment?

A grandir dans une société qui n'a jusqu'ici pas valorisé les compétences personnelles, relationnelles et comportementales autant que les compétences générales, techniques ou spécialisées, et qui donne encore priorité à l'enseignement des aptitudes solides sur l'enseignement des aptitudes douces, c'est à dire au savoir faire sur le savoir être, nos enfants ont souvent du mal et mettent un temps trop long et laborieux avant de découvrir, s'ils y arrivent un jour, comment leurs sentiments guident leurs décisions, comment leurs humeurs influencent leurs relations, et comment la vision qu'ils ont d'eux mêmes et des choses affectent leurs aptitudes.

Ceci s'explique en effet par le fait que notre culture se concentre plus sur les résultats que sur le fonctionnement. Nos efforts se portent d'abord sur l'éducation au sens traditionnel, autrement dit sur l'apprentissage et l'exécution, sans même se demander comment chaque individu fonctionne pour comprendre, apprendre et accomplir.

Cela dit, nous commençons à prendre conscience de ce déséquilibre éducationnel. De plus en plus d'adultes découvrent les vertus du coaching pour améliorer divers aspects de leur vie professionnelle ou personnelle, et les publications à ce sujet sont nombreuses. Seulement, bien que cette auto-assistance puisse être bienvenue, elle se présente souvent inutilement tard dans le parcours d'une vie.

Les histoires de la série *Je réalise* sont donc écrites pour aider les enfants (et les adultes) à accepter leurs sentiments et ceux des autres, à comprendre la relation entre pensées et sentiments, et à développer leur empathie, leurs propres capacités, leur prise de responsabilité et leur résilience, pour qu'ils soient capables de faire de bons choix et de réussir.

Pour faire de bons choix, il faut déjà connaître non seulement les options qui se présentent à nous mais aussi les facteurs qui peuvent affecter nos choix, et ceci implique de savoir reconnaître et prendre en considération nos émotions et leurs influences sur nos actions.

Les livres de la collection *Je réalise* visent le développement de cette prise de conscience, en aidant le lecteur à acquérir des compétences telles que:

- La prise de conscience de soi
- La découverte de la relation entre croyances, dialogue intérieur et performance
- L'identification et la maîtrise des sentiments
- La compréhension du rôle différent de chacune de nos émotions
- L'acceptation du caractère temporaire des émotions
- La prise de responsabilité
- L'empathie (envers soi et les autres)
- La maîtrise de soi
- Le contrôle de ses humeurs
- La patience
- La reconnaissance de la perspective des autres
- La lecture et l'interprétation des indices plus subtils de la communication
- La connaissance des normes comportementales
- La capacité de communiquer clairement
- Les qualités d'un bon leader
- La confiance en soi
- L'efficacité personnelle
- La motivation personnelle
- L'aptitude à fixer des objectifs
- La volonté de prendre part
- La résilience (qui permet de surmonter difficultés et traumas sans se laisser abattre)
- Etre capable de faire des plans réalistes et de prendre les mesures nécessaires pour les mener à bien
- Savoir résoudre des problèmes et prendre des décisions
- Pouvoir anticiper les conséquences
- Atteindre de hautes performances
- Avoir une attitude positive

Ce sont des compétences émotionnelles, cognitives et sociales difficiles à mesurer et pourtant essentielles dans la vie de chacun. Ces compétences de vie jouent un rôle si important dans tout ce que nous faisons et contribuent tellement au succès et au bien-être de chacun que nous devons absolument les développer. Ces compétences constituent notre Intelligence Emotionnelle, une intelligence que la collection *Je réalise* vise à développer dès l'enfance, car nous savons maintenant tous que celle-ci mérite au moins autant d'attention que celle que nous portons au Quotient Intellectuel.

Bonne lecture, et n'hésitez pas à partager!

Non, merci – Oui, s'il te plaît!

Histoire et illustrations
Emmanuelle Betham

Traduction française
Emmanuelle Betham et Janine Rozen

Mise en page
Bill Bond

Première édition: 2020 - Vagabond Publishing
ISBN: 9798639392917

Printed in Great Britain
by Amazon